Ketogene Ernährung für Einsteiger

Die 72 besten Rezepte für die ketogene Diät inklusive 14 Tage Diätplan

Low Carb Masters

Inhaltsverzeichnis

Ketogene Ernährung für Einsteiger..1
Leckere Rezepte für Einsteiger...6
Leckere Frühstücks-Varianten..8
    Spiegelei mit Putenschinken..9
    Pfannkuchen mit Haferkleie 10
    Joghurt mit Ingwer -
    ein absoluter Stoffwechsel Booster....................................11
    Avocado Creme 12
    Fluffig leichtes Luftbrot 13
    Gegrillte Zucchini mit Joghurt-Rührei 14
    Joghurt mit Zimt und Haferkleie...15
    Avocado Schiffchen mit Bacon Eiern 16
    Süße Kokosmilch mit Nüssen..17
    Pochiertes Ei mit feiner Senfsauce 18
Ideale Snacks für die ketogene Ernährung.................................19
    Spinat Muffin 20
    Gurken Sticks mit Tsatsiki Dip...21
    Grüner, gesunder Smoothie mit wenig Kalorien 22
    Frittierter Morning Glory Wasserspinat 23
    Gebratene Garnelen mit Knoblauch...................................24
    Gebratene Schinken-Käse Röllchen 25
    Champignon Chips 26
    Parmesan Chips 27
    Eier-Taler mit Käse..28

Körniger Frischkäse mit Kräutern 29
Roastbeef mit Meerrettich-Füllung 30
Rezepte für eine abwechslungsreiche
14-tägige ketogene Diät 31
   1. Tag: 32
      Brokkoli-Pfanne mit Hühnchen 32
      Gegrillte Seezunge mit Rosmarin-Speck 33
   2. Tag: 34
      Asiatische Kokossuppe mit Garnelen 34
      Würzige Frikadellen mit Käse 35
   3. Tag: 36
      Hühnerbrust mit Kräuter und Eischnee Haube 36
      Seelachs in der Mandelkruste 37
   4. Tag: 38
      Würzige und deftige Suppe mit Hackfleisch 38
      Herzhaftes Prasselfleisch 39
   5. Tag: 40
      Putenroulade mit Frischkäse und Oliven 40
      Kalbskotelett in Zitronenbutter 41
   6. Tag: 42
      Rinderhüftsteak mit frischen Kräutern 42
      Lachsfilet in Wasabi-Sauce 43
   7. Tag: 44
      Schweinefilet mit Gorgonzola-Spinat 44
      Omelette mit Paprika und Pilzen 45
   8. Tag: 46

    Blattsalat mit Mozzarella und Hähnchenbrust 46

    Spargel mit leichter Sauce 47

  9. Tag: 48

    Red Snapper mit Fenchelgemüse 48

    Rinderfilet in aromatischer Walnuss-Sauce 49

  10. Tag: 50

    Zucchini-Suppe mit Flusskrebs-Schwänzen 50

    Putenröllchen mit Lavendel-Blüten 51

  11. Tag: 52

    Straußen-Steak mit Pfeffersauce 52

    Hähnchen-Schenkel aus dem Ofen 53

  12. Tag: 54

    Gekochtes Rindfleisch mit Schnittlauch-Sauce 54

    Raffinierte Buttermilch-Käse-Suppe 55

  13. Tag: 56

    Kalbsleber mit Zwiebel-Sauce 56

    Grünes Thai Curry mit Hühnchen 57

  14. Tag: 58

    Forelle blau mit Sahne-Meerrettich 58

    Hühner-Muffins mit Gemüsefüllung 59

Leckere Rezepte für Schleckermäuler 60

  Kräftiges Schokoladen-Eis für Naschkatzen 61

  Iles Flottantes - der beliebte französische Klassiker 62

  Fruchtiges Limetten-Sorbet mit wenig Kalorien 63

  Leckere Haselnuss-Creme 64

  Sahnige Kokoscreme a la Bounty 65

Exquisites Baiser mit Basilikum-Sahne 66

Einfacher Rührkuchen - optimal für ketogene Ernährung 67

Einfacher ketogener Kuchen aus dem Kühlschrank 68

Low Carb Zitronen-Tarte für eine ketogene Ernährung ...69

Schokoladen-Küchlein mit Nüssen 71

Weitere schmackhafte Rezepte für eine ketogene Ernährung...72

Leckere ketogene Pizza - Low Carb und ganz viel Geschmack..73

Bunte Tofu-Pfanne mit Spiegelei 75

Zucchini Nudeln mit pikanter Fleischsauce 76

Gedünsteter Zander im Kräutermantel 77

Ketogener Schweinebraten aus dem Rücken 78

Indisches Fischcurry mit Kokoscreme..............................80

Konjak Nudeln mit feiner Pilz-Sauce................................81

Low Carb Quiche mit Schinken und Zucchini 82

Fenchelgemüse mit Miesmuscheln 84

Hühnerschnitzel in der Panade aus Schweinekrusten.....85

Steirischen Backhendl-Salat..86

Kalbsmedaillons mit grünem Thai Spargel und Rahmgemüse 87

Gegrillter Ziegenkäse mit Feldsalat 88

Filet vom Reh mit Romanesco Gemüse und gerösteten Mandeln 89

Kleine Lebensmittel-Liste mit Nährwertangaben..................90

Fisch und Fleisch:..90

Gemüse:..91
Milchprodukte und Eier..92

Ketogene Ernährung für Einsteiger

Wenn es darum geht abzunehmen und erfolgreich und auch nachhaltig Kilos zu verlieren, kommt stets die Low Carb Ernährung auf den Plan. Ketogene Ernährung ist eine weitere und verschärfte Variante dieser Ernährungsform, kann jedoch am besten mit No-Carb übersetzt werden. Bei der ketogenen Diät werden wirklich nur die nötigsten Kohlenhydrate zu sich genommen. Bei dieser Diät werden keine lästigen Kalorien gezählt. Die Mahlzeiten bestehen hauptsächlich aus Proteinen und Fett. Der Körper erhält somit wenig Kohlenhydrate und greift zur Energiegewinnung auf die eigenen Fettreserven zurück. Die Pfunde purzeln somit schnell. Die ketogene Diät funktioniert denkbar einfach. Kohlenhydrate wie Reis, Nudeln, Brot und Müsli werden vom Speiseplan gestrichen. Fleisch, Fisch und Eier zählen zu den Favoriten dieser Diät. Auch auf Obst wird, wegen des Fruchtzuckers weitgehend verzichtet. Lediglich ab und an sollten Beeren, Avokados und Kokosnüsse den Speiseplan vervollständigen.

Wissenschaftlich wird die Ketose im Körper wie folgt erklärt:
Durch den Mangel an Kohlenhydraten greift der Körper auf die eigenen Fettreserven zurück und ein natürlicher Stoffwechsel wird erzeugt. Die Leber wandelt nun körpereigene Fettsäuren in

Ketonkörper um. Diese ersetzen die ansonst zugeführten Kohlenhydrate und die Glukose und verwendet diese als Treibstoff. Der Körper aktiviert somit ein eigenes Notfallprogramm, da ihm durch die sehr niedrige Zufuhr an Kohlenhydraten eine Art Hungersnot symbolisiert wird. Eine ketogene Ernährung ist in unserer heutigen Überfluss-Gesellschaft eine sehr effektive Form der Diät, um rasch und nachhaltig Kilos zum Schmelzen zu bringen. Um den Stoffwechsel aber nicht zu schädigen, muss immer wieder ein Tag eingelegt werden, an dem Kohlenhydrate gegessen werden.

Auch ist es gerade bei der ketogenen Ernährung sehr wichtig, ausreichend zu trinken. Durch den chemischen Prozess, der im Körper erzeugt wird, können ansonst gerade in der Anfangsphase vermehrt Kopfschmerzen auftreten. 3 Liter Wasser sollten täglich getrunken werden. Am besten greift man auf Trinkwasser und stilles Mineralwasser zurück. Auch ist es durchaus ratsam morgens auf nüchternen Magen einen Löffel Himalaya Steinsalz Sole zu trinken. Diese versorgt den Körper mit Mineralstoffen, Spurenelementen und Vitaminen. Außerdem regt diese Sole die Verdauung an und gilt als natürlicher Jungbrunnen. Wer kein Fan von purem Wasser ist kann dieses mit frischen Kräutern, einigen Scheiben Ingwer, Limette oder Gurken aromatisieren. Gerade zu Beginn sollte aber auch auf Diät-Limonaden und Süßstoff verzichtet werden. Kräuter-Tee und Schwarztee, heiß oder kalt genossen bringt ebenfalls Abwechslung, und auch Kaffee, natürlich ohne Zucker, ist durchaus erlaubt.

Ein weiterer wichtiger Punkt, der zum Erfolg führt ist, ein Mal pro Woche einen sogenannten Cheatday einzulegen. An diesem Tag sind Kohlenhydrate während einer Mahlzeit erlaubt, und sogar durchaus erwünscht. An diesem Tag dürfen Sie sich ein schönes Stück Obst, eine Portion Reis, Nudeln oder Kartoffeln gönnen. Dies ist nicht nur zur Motivation absolut notwendig, sondern hält auch den Leptinspiegel im Körper konstant. Dieses körpereigene Hormon wird durch Kohlenhydrate produziert und sorgt unter anderem für das Sättigungsgefühl. Sinkt der Leptinspiegel im Körper zu stark, so verlangsamt sich auch der Stoffwechsel. Um dieser Gefahr entgegen zu wirken, ist dieser Refeed Tag, wie er auch genannt wird, bei der ketogenen Diät besonders wichtig. Natürlich sollte man es auch an diesem Tag nicht übertreiben. Idealerweise besteht dieser Tag aus einem Frühstück mit einer schönen Scheibe Eiweißbrot oder einem Müsli, einer Portion Obst am Nachmittag und Kohlenhydrate in Form einer Sättigungsbeilage bei einer der Hauptmahlzeiten. So wird auch den Heißhunger-Attacken entgegen gewirkt, und das Durchhaltevermögen gestärkt. An Tag nach einem Cheatday sollte ein deutlicher Sprung auf der Waage zu bemerken sein. Auch sollte an diesem Cheatday eine extra Sporteinheit eingelegt werden - dies ist wichtig um dem Muskelabbau entgegen zu wirken.

Der Refeed Day gilt aber nicht als Tag, um sich mit ungesunden Süßigkeiten voll zu stopfen. Die Lust auf Süßes stillt eine schöne, reife Banane, und der Tag startet voll Energie mit einem Müsli. Während Kartoffeln, Süßkartoffeln und Reis wirklich optimal sind, sollte man bei Brot und Backwaren zur Gluten freien Variante greifen. Die optimale Aufteilung an einem Refeed Day sollte aus 70% Kohlenhydraten, 15% Proteinen und 15% Fett bestehen. Weißer Haushaltszucker ist natürlich auch an diesen Cheat Tagen, die auch als Ladetage bezeichnet werden, nicht erlaubt. Je höher der Körperfett-Anteil ist, umso größer sollen auch die Abstände dieser Tage sein. Ist der eigene BMI niedrig, können auch 2 Ladetage pro Woche eingelegt werden. Zu Beginn der ketogenen Ernährung sind Refeed Tage im Abstand von 1 bis 2 Wochen einzuhalten.

Sämtliche Mahlzeiten sollten während der ketogenen Diät ihre Kalorien bis zu 75% aus Fett, bis zu 30% aus Proteinen und nur bis zu 5% bis 10% aus Kohlenhydrate beziehen. Zu Beginn mag es für jeden, der schon die ein oder andere Diät hinter sich hat eigenartig sein, dass während der ketogenen Diät so wenig auf Kalorien und Fett geachtet wird. Generell ist ketogene Ernährung nichts anderes als Low Carb and High Fat, und selbstverständlich wird sehr wohl darauf geachtet, dass ausschließlich gute und wertvolle Fette verwendet werden. Einfach ungesättigte und Omega 3 Fettsäuren stehen nun hoch im Kurs.

Und natürlich sollten Sie nicht einen ganzen Kuchen, der aus 12 Portionen besteht alleine verputzen, nur weil dieser unter 30 Gramm Kohlenhydrate aufweist.

Die ketogene Diät ist simpel und lässt sich durchaus abwechslungsreich gestalten. Mit unseren 72 Rezepten ist ein toller Grundstein für die Ernährungsumstellung gelegt und die Kilos dürfen purzeln. Verwenden Sie viele Kräuter, Chili und Ingwer, so bekommen Sie Pep und Feuer in Ihre Mahlzeiten und regen gleichzeitig auch ordentlich den Stoffwechsel an.

Leckere Rezepte für Einsteiger

Natürlich können unsere Rezepte für Frühstück, Snacks, Mittagessen und Abendessen beliebig variiert und untereinander kombiniert werden. Auch können Sie sich ein verführerisches Dessert gönnen, sofern der Wert von 30 Gramm Kohlenhydrate am Tag nicht überschritten wird. Wichtig ist immer, dass die gesamte Tageszufuhr an Kohlenhydraten den Wert von 30 Gramm nie übersteigt, nur so funktioniert ketogene Ernährung nachhaltig. Dies ist der einzige Wert, der während der ketogenen Diät kontrolliert werden muss. Generell wird man bei dieser Ernährungsform so richtig satt und das Gefühl, sich auf Diät zu befinden, kommt nicht auf.

Für die 14-Tage Diät nach dem ketogenen Prinzip dürfen Sie nach Belieben ein Frühstück und einen oder zwei Snacks zu den Mahlzeiten zu Mittag und abends wählen. Den ersten Cheatday sollten Sie nach etwa einer Woche einlegen, und diesen stets an einem bestimmten Tag wiederholen. Viele nutzen den Sonntag als Schlemmertag. An diesem Tag snacken Sie am Nachmittag eine Portion Obst, frühstücken mit der Familie mit Croissant und Brötchen und genießen eine tolle Sättigungsbeilage zum Fleisch oder Fisch. Auch ein Nudelgericht darf an diesem Tag auf dem Speiseplan stehen, vorausgesetzt, am nächsten Tag wird wieder zur ketogenen Ernährung zurückgefunden. Nach der 14-tägigen Diät, oder, falls Sie diese ein weiteres Mal bestritten, und ans Wunschgewicht gekommen sind, sollten Sie einmal wöchentlich einen ketogenen Tag einlegen. Dadurch gegen Sie dem Jo-Jo Effekt keine Chance und können ganz einfach und unproblematisch Ihr Gewicht auch halten. Nach den Feiertagen oder kurz vor dem Urlaub ist oft eine 3-tägige ketogene Phase ratsam. So gelangen Sie noch "last minute" zur Bikini-Figur und hindern die angeschlemmten Pfunde daran, sich dauerhaft auf den Hüften fest zu setzen.

Leckere Frühstücks-Varianten

Während der 14-tägigen Diät können Sie nach Lust und Laune aus unseren Frühstücks-Rezepten auswählen. Denken Sie aber stets daran, dass der Tagesumsatz an Kohlenhydraten 30 Gramm nicht überschreiten soll - nur so bringen Sie Ihren Körper in den ketogenen Zustand, in dem die Kilos sich beinahe automatisch verabschieden.
Ein sogenanntes Wahrzeichen oder Signature-Getränk der ketogenen Diäten ist der sogenannte Bullet Proof Kaffee, der sicher gewöhnungsbedürftig ist, aber durchaus Wirkung zeigt. Dieser eignet sich besonders gut für alle, die morgens noch nicht hungrig sind, und eben nur Kaffee trinken möchten. Hierfür vermischen Sie im Mixer eine Tasse Kaffee, egal ob frisch gebrüht oder Instant-Kaffee, mit einem TL Butter und einem TL Kokosöl. Dieses Getränk sättigt, kurbelt den Stoffwechsel an und versetzt den Organismus besonders schnell und effektiv in den ketogenen Zustand. Somit können die Kilos purzeln - und dieser Kaffee schmeckt tatsächlich besser, als das Rezept vermuten lässt.

Spiegelei mit Putenschinken

195 kcal | 15,9g Eiweiß | 12,2g Fett | 5,4g Kohlenhydrate

2 Eier, 30 Gramm Putenschinken, 1 TL Schnittlauch zum Bestreuen

Den Putenschinken in einer beschichteten Pfanne ohne Öl knusprig braten, und anschließend in der selben Pfanne die zwei Spiegeleier braten. Diese auf dem Schinken anrichten und großzügig mit Kräutern bestreuen.

Pfannkuchen mit Haferkleie

172 kcal | 14,6g Eiweiß | 7,2g Fett | 12,2g Kohlenhydrate

1 gehäuften EL Haferkleie, 2 EL Quark, 1 Ei, sehr wenig Öl zum Braten

Das Ei schaumig schlagen und mit dem Quark glatt rühren. Die Haferkleie unterheben und je nach Lust und Laune mit einigen Tropfen Süßstoff oder mit Salz und Pfeffer würzen. So können die Pfannkuchen je nach Appetit auf Süßes oder Saures variieren. In einer Pfanne in wenig Öl von beiden Seiten braten.

Joghurt mit Ingwer - ein absoluter Stoffwechsel Booster

129,2 kcal | 7,8g Eiweiß | 7,2g Fett | 8,3g Kohlenhydrate

200 Gramm Joghurt frei von Laktose, Saft einer halben Bio Limette, 1/2 TL Ingwer frisch gerieben oder eine gute Messerspitze Ingwerpulver, 1 Spritzer Süßstoff nach Bedarf

Alle Zutaten vermischen und nach Belieben süßen.

Avocado Creme

152,6 kcal | 7,3g Eiweiß | 12,2g Fett | 3,5g Kohlenhydrate

2 EL Quark, 1/2 Avokado, 1 Messerspitze Cayenne Pfeffer, 1 Prise Himalaya Steinsalz

Die Avokado mit einer Gabel oder dem Zauberstab fein pürieren und mit dem Quark glatt rühren. Danach mit Salz und Pfeffer nach Belieben abschmecken.

Fluffig leichtes Luftbrot

188,5 kcal | 16,7g Eiweiß | 12,4g Fett | 2,5g Kohlenhydrate

2 Eier, 2 EL Frischkäse, 1/2 Packung Backpulver, 1 Prise Himalaya Steinsalz

Die Eier trennen. Das Eigelb mit dem Frischkäse glatt rühren. Das Eiweiß zu einem steifen Schnee schlagen und anschließend vorsichtig die Eigelb Masse unterheben. Mit einer Prise Himalaya Salz abschmecken. Ein Backblech mit Backpapier auslegen und mit einem Löffel kleine Häufchen auf das Blech setzen. Bei 150° Celsius und Ober,- und Unterhitze nun für 15 Minuten backen und genießen.

Gegrillte Zucchini mit Joghurt-Rührei

102,1 kcal | 8,7g Eiweiß | 6,6g Fett | 2g Kohlenhydrate

1/2 Zucchini, 1 Ei, 1 EL Joghurt ohne Laktose, 1 Kirschtomate, Salz und Pfeffer

Die Zucchini in dünne Scheiben schneiden und in einer beschichteten Pfanne ohne Öl braten. Den Joghurt mit dem Ei und Salz und Pfeffer verquirlen und ebenfalls in einer beschichteten Pfanne ohne Öl zu Rührei braten. Mit der Zucchini anrichten, mit der Tomate garnieren und nach Bedarf mit frischen Kräutern großzügig bestreuen.

Joghurt mit Zimt und Haferkleie

113,3 kcal | 6,6g Eiweiß | 5,7g Fett | 8,9g Kohlenhydrate

150 Gramm Joghurt frei von Laktose, 1 Messerspitze Zimt, 1 Messerspitze Nelkenpulver, 1 EL Haferkleie, Süßstoff nach Bedarf

Alle Zutaten vermengen und kurz quellen lassen und genießen.

Avocado Schiffchen mit Bacon Eiern

424,4 kcal | 12,6g Eiweiß | 39,5g Fett | 4,6g Kohlenhydrate

1/2 Avokado, 1 Ei, 2 Scheiben Frühstücks-Bacon - etwa 20 Gramm, 1/2 EL Parmesan, Salz und Pfeffer

Die Avokado vom Kern befreien. Den Bacon fein würfeln und zusammen mit den restlichen Zutaten gut vermischen. Die Masse in die Avokado füllen und für 15 Minuten bei Ober,- und Unterhitze und 160° Celsius im Backrohr backen. Nach Bedarf mit Kräutern großzügig bestreuen und genüsslich aus der Avokado löffeln.

Süße Kokosmilch mit Nüssen

280,7 kcal | 8,5g Eiweiß | 25,9g Fett | 3,4g Kohlenhydrate

100 ml Kokosmilch, 2 EL Skyr (Mischung zwischen Joghurt und Quark, kommt ursrpünglich aus Island), 2 EL Mandeln gehackt, 1 Spritzer Zitronensaft, 1 Spritzer Süßstoff nach Bedarf

Die Kokosmilch mit dem Skyr glatt rühren. Die Mandeln in einer beschichteten Pfanne ohne Öl schön anrösten und unter die Milch mischen. Mit Süßstoff und Zitronensaft abschmecken und genießen.

Pochiertes Ei mit feiner Senfsauce

122 kcal | 13,5g Eiweiß | 6,4g Fett | 2,6g Kohlenhydrate

1 Ei, 2 gute EL Essig zum Pochieren, 1/2 TL Senf, 2 EL Quark, 1 TL gehackte Kräuter - frisch oder TK, Salz und Pfeffer

In einem Topf Wasser zum Kochen bringen und den Essig hinzugeben. Auf etwa 70° Celsius abkühlen lassen und das Ei im Essigwasser für etwa 2 Minuten pochieren. Den Senf mit dem Quark glatt rühren, die Kräuter untermischen und mit Salz und Pfeffer abschmecken. Zusammen mit dem pochierten Ei servieren.

Ideale Snacks für die ketogene Ernährung

Wenn der kleine Hunger kommt sollte dieser auf keinen Fall unterdrückt werden. So entstehen früher oder später böse Heißhunger-Attacken, welche die Diät zunichte machen. Besser ist es, Sie greifen zu diesen kleinen Snacks - so ist das Durchhalten auch ganz einfach. Aber bitte auch hier darauf achten, dass der tägliche Bedarf an Kohlenhydrate bei dieser Diät den Richtwert von 30 Gramm nicht überschreiten darf.

Spinat Muffin

170,8 kcal | 18,7g Eiweiß | 8,8g Fett | 4,2g Kohlenhydrate

1 Ei, 70 Gramm Blattspinat, 1 EL Quark, 1 EL Parmesan, 2 Champignons, Salz und Pfeffer

Die Champignons blättrig schneiden und in einer beschichteten Pfanne ohne Öl anbraten. Den Blattspinat hinzufügen, mit Salz und Pfeffer würzen und kurz durchschwenken. Das Ei schaumig schlagen und mit dem Quark und dem Parmesan gut vermengen. Das Gemüse unterheben und die Masse in ein Muffin-Förmchen füllen. Bei 170° Celsius und Ober,- und Unterhitze für etwa 8 Minuten backen.

Gurken Sticks mit Tsatsiki Dip

81,6 kcal | 4,2g Eiweiß | 3,6g Fett | 8,1g Kohlenhydrate

1/4 Salatgurke etwa 80 Gramm, 100 Gramm Joghurt ohne Laktose, 1 Knoblauchzehe, 1 TL Petersilie, 1 Spritzer Zitronensaft, Salz und Pfeffer

Den Knoblauch pressen und mit dem Joghurt verrühren. Mit Zitronensaft, Salz und Pfeffer abschmecken und mit den Kräutern aromatisieren. Die Gurke in Sticks schneiden und damit das Tsatsiki dippen.

Grüner, gesunder Smoothie mit wenig Kalorien

12,8 kcal | 0,5g Eiweiß | 0g Fett | 2,7g Kohlenhydrate

150 ml grünen Tee, 1/2 Bund Koriander, Saft einer unbehandelten Limette, 50 Gramm Salatgurke, 1 Prise Himalaya Steinsalz, 1 Messerspitze Chili-Pulver

Alle Zutaten in den Mixer geben und zu einem cremigen Smoothie verarbeiten. Eventuell mit einigen Eiswürfeln servieren und genießen.

Frittierter Morning Glory Wasserspinat

217,4 kcal | 20g Eiweiß | 14,6g Fett | 1,5g Kohlenhydrate

100 Gramm asiatischen Wasserspinat, 1 Ei, 2 EL Parmesan gerieben, Öl zum Frittieren, Salz und Pfeffer

Den Wasserspinat in 5 cm lange Stücke schneiden. Das Ei mit dem Parmesan und Salz und Pfeffer verquirlen. Den Wasserspinat durch den Backteig ziehen und im heißen Fett goldbraun frittieren. Auf einem Küchenkrepp abtropfen lassen und genießen.

Gebratene Garnelen mit Knoblauch

163,4 kcal | 25,1g Eiweiß | 6,2g Fett | 1,8g Kohlenhydrate

4 Garnelen, 2 Knoblauchzehen, 1 Spritzer Zitronensaft, 1/2 TL Sesam schwarz, Salz und Pfeffer

Den Knoblauch pressen. Die Garnelen in einer beschichteten Pfanne ohne Öl anbraten, den Knoblauch hinzufügen und mitrösten. Nun den Sesam ebenfalls in die Pfanne geben und kurz mitrösten. Mit dem Zitronensaft ablöschen und mit Salz und Pfeffer abschmecken.

Gebratene Schinken-Käse Röllchen

283,5 kcal | 36,5g Eiweiß | 14,7g Fett | 1,3g Kohlenhydrate

4 Scheiben Putenschinken gekocht, 2 Scheiben Käse, 2 EL körniger Frischkäse, Salz und Pfeffer

Den Putenschinken auf jeweils einer Seite mit Frischkäse bestreichen, mit einer halben Scheibe Käse belegen, salzen und pfeffern und einrollen. Eventuell mit einem Zahnstocher fixieren. In einer beschichteten Pfanne ohne Öl von allen Seiten scharf anbraten.

Champignon Chips

85,3 kcal | 6,8g Eiweiß | 4,9g Fett | 3,5g Kohlenhydrate

100 Gramm Champignons, etwas Öl zum Bestreichen, 1 TL Parmesan gerieben, 1 TL frische Kräuter gehackt, Salz und Pfeffer

Die Champignons blättrig schneiden und auf ein mit Backpapier ausgelegtes Blech legen. Mit Öl bepinseln und für 40 Minuten im Backrohr bei Ober,- und Unterhitze und 150° Celsius knusprig backen. Nun mit den Kräutern und dem Parmesan großzügig bestreuen, salzen und pfeffern und genießen.

Parmesan Chips

439 kcal | 37,1g Eiweiß | 29g Fett | 2,4g Kohlenhydrate

100 Gramm Parmesan sehr fein gerieben, 1 Zweig Rosmarin, 1 Zweig Thymian, 1 Chili

Die Kräuter und die Chili sehr fein hacken und mit dem Parmesan vermengen. Das Backblech mit Backpapier auslegen und kleine Käse-Häufchen darauf setzen. Bei 200° Celsius und Ober,- und Unterhitze im vorgeheizten Backrohr für etwa 7 Minuten backen. Aus dem Ofen nehmen, auskühlen lassen und snacken.

Eier-Taler mit Käse

406 kcal | 29,7g Eiweiß | 31,6g Fett | 0,7g Kohlenhydrate

2 Eier, 60 Gramm würzigen Bergkäse, Salz und Pfeffer

Die Eier mit Salz und Pfeffer verquirlen, den Käse grob reiben und mit dem Ei vermischen. Die Masse jeweils 1 cm hoch in Muffin Förmchen füllen und bei Ober,- und Unterhitze und 160° Celsius für 8 Minuten backen.

Körniger Frischkäse mit Kräutern

154,5 kcal | 19,4g Eiweiß | 6,5g Fett | 4,6g Kohlenhydrate

150 Gramm körniger Frischkäse, 1 EL Kräuter gehackt, 20 Gramm Staudensellerie, Salz und Pfeffer

Den Frischkäse mit Salz und Pfeffer gut abschmecken, mit Kräutern vermischen und den Staudensellerie fein gehackt unterrühren.

Roastbeef mit Meerrettich-Füllung

110 kcal | 19,6g Eiweiß | 3,2g Fett | 0,7g Kohlenhydrate

3 Scheiben Roastbeef (insgesamt ca. 60 Gramm), 1/2 TL Meerrettich fein gerieben, 2 EL Quark, Salz und Pfeffer

Den Meerrettich mit dem Quark glatt rühren und mit Salz und Pfeffer abschmecken. Das Roastbeef damit bestreichen und einrollen.

Rezepte für eine abwechslungsreiche 14-tägige ketogene Diät

Nun folgen die Rezepte für leckere Mittagessen und Abendessen. Diese können natürlich beliebig untereinander vertauscht werden. Wenn Sie jedoch Rezepte von verschiedenen Tagen miteinander kombinieren, dürfen Sie nicht die Anzahl der Kohlenhydrate aus den Augen verlieren, die einen Wert von 30 Gramm pro Tag nicht überschreiten sollen.

1. Tag:

Brokkoli-Pfanne mit Hühnchen

228,5 kcal | 38,6g Eiweiß | 6,9g Fett | 3g Kohlenhydrate

120 Gramm Hühnerbrust, 60 Gramm Brokkoli, 1/2 TL Sesam, zucker-freie Sojasauce, 1/2 cm von der Ingwerwurzel, Pfeffer

Das Hühnchen in dünne Streifen schneiden und mit der Sojasauce, dem fein gehackten Ingwer und dem Sesam für gut 30 Minuten marinieren. Dazu das Fleisch im Kühlschrank durchziehen lassen. Den Brokkoli in Röschen schneiden und im Salzwasser kurz blanchieren. Das Hühnchen in einer beschichteten Pfanne ohne Öl anbraten, den Brokkoli hinzufügen, kurz durchschwenken, mit Pfeffer abschmecken und servieren.

Gegrillte Seezunge mit Rosmarin-Speck

216 kcal | 14,9g Eiweiß | 17,2g Fett | 0,4g Kohlenhydrate

120 Gramm Seezunge, 20 Gramm Schinkenspeck gewürfelt, 2 Zweige Rosmarin, Saft einer unbehandelten Limette, Salz und Pfeffer

Den Schinkenspeck in einer beschichteten Pfanne ohne Öl knusprig braten. Den Speck herausfischen, das ausgelassene Öl verbleibt in der Pfanne. Den Rosmarin fein hacken und in die Pfanne geben. Den Fisch nun in diesem Öl glasig braten. Die knusprigen Speckwürfel hinzu geben und mit dem Limettensaft ablöschen. Kurz durchschwenken und servieren.

2. Tag:

Asiatische Kokossuppe mit Garnelen

239,2 kcal | 21g Eiweiß | 16g Fett | 2,8g Kohlenhydrate

100 Gramm Garnelen, 100 ml Kokosmilch, 150 ml Brühe, 2 Chili, 1 Stange Zitronengras, 2 Zitronenblätter oder Kaffir Lime Blätter, 2 Cherry Tomaten, 2 Champignons, 2 Scheiben von der Ingwer-Wurzel, 1 Spritzer Fischsauce ohne Zuckerzusatz

Die Kokosmilch mit der Brühe zum Kochen bringen. Die Garnelen hinzugeben. Den Chili fein hacken, die Cherry Tomaten und die Champignons vierteln, das Zitronengras in 1 cm große Stücke schneiden, die Limettenblätter grob zerreißen und zusammen mit dem Ingwer zu den Garnelen in den Sud geben. Für einige Minuten köcheln lassen, mit Fischsauce abschmecken und eventuell mit gehacktem Koriander bestreuen.

Würzige Frikadellen mit Käse

326,5 kcal | 43,8g Eiweiß | 16,5g Fett | 0,7g Kohlenhydrate

150 Gramm Rinderhack, 1 Ei, 1/2 TL Majoran, 30 Gramm Käse gerieben, Salz und Pfeffer

Den Majoran hacken und zusammen mit dem Rinderhack und dem Käse zu einer sämigen Masse verkneten. Mit Salz und Pfeffer abschmecken und mit feuchten Händen 2 Patties daraus formen. Diese nun in einer beschichteten Pfanne ohne Öl von beiden Seiten braten und anrichten.

3. Tag:

Hühnerbrust mit Kräuter und Eischnee Haube

200,3 kcal | 39,7g Eiweiß | 4,3g Fett | 0,7g Kohlenhydrate

120 Gramm Hähnchenbrust, 1 Eiweiß, 1 Zweig Thymian, 1/2 EL Petersilie, 1 EL Koriander, Salz und Pfeffer

Das Hühnchen dünn klopfen und mit Salz und Pfeffer würzen. In einer beschichteten Pfanne ohne Öl braten. Das Eiweiß zu einem steifen Schnee schlagen. Die Kräuter fein hacken und vorsichtig unter den Eischnee heben. Das Hühnchen damit bedecken und im Backrohr bei Ober,- und Unterhitze bei 180° Celsius für 5 Minuten überbacken.

Seelachs in der Mandelkruste

331,7 kcal | 32,9g Eiweiß | 20,1g Fett | 4,8g Kohlenhydrate

150 Gramm Seelachsfilet, 2 EL Mandeln gehobelt, Saft einer unbehandelten Limette, 2 Zweige Thymian, Abrieb einer halben unbehandelten Orange, Salz und Pfeffer, etwas Öl zum Braten

Den Fisch salzen, pfeffern und mit dem Limettensaft marinieren und mit dem Abrieb der Orange bestreuen und mit Thymian belegen. In den Mandeln wälzen und in etwas Öl von beiden Seiten schön glasig braten.

4. Tag:

Würzige und deftige Suppe mit Hackfleisch

356,8 kcal | 33,6g Eiweiß | 22,8g Fett | 4,3g Kohlenhydrate

100 Gramm Geflügel Hackfleisch, 1/2 Zwiebel, 1 Knoblauchzehe, 30 Gramm Blumenkohl, 1/2 Zucchini, 2 Scheiben Speck oder Bacon, 200 ml Brühe, 2 EL Sahne, Salz und Pfeffer, etwas Öl zum Anbraten

Den Zwiebel und den Knoblauch zusammen mit dem Bacon hacken und in sehr wenig Öl anrösten. Das Hackfleisch hinzugeben und bräunen. Die Zucchini klein schneiden und den Blumenkohl zupfen und ebenfalls mitrösten. Mit der Brühe aufgießen und kurz aufkochen lassen. Mit der Sahne verfeinern, mit Salz und Pfeffer abschmecken und servieren.

Herzhaftes Prasselfleisch

585,3 kcal | 33g Eiweiß | 48,9g Fett | 3,3g Kohlenhydrate

120 Gramm Schweinenacken, 60 Gramm Salami ohne Zuckerzusatz, 1/2 rote Zwiebel, 2 Knoblauchzehen, 3 Salbeiblätter, 2 zweige Thymian, 1 Zweig Majoran, 1 Messerspitze Kümmel gemahlen, 1 Spritzer Apfelessig, 50 ml Brühe, 1 EL saure Sahne, Salz und Pfeffer

Den Schweinenacken in Würfel schneiden und in einer beschichteten Pfanne ohne Öl scharf anbraten. Salami und Zwiebel und Streifen schneiden und den Knoblauch mit den Kräutern fein hacken. Alles zum Fleisch in die Pfanne geben und gut anbraten. Mit dem Apfelessig ablöschen und mit der Brühe aufgießen. Für etwa 5 Minuten köcheln lassen und mit Salz und Pfeffer abschmecken. Anrichten und mit der sauren Sahne garnieren.

5. Tag:

Putenroulade mit Frischkäse und Oliven

144,2 kcal | 27,5g Eiweiß | 3g Fett | 1,8g Kohlenhydrate

150 Gramm Putenbrust, 20 Gramm Frischkäse, 5 Oliven schwarz ohne Kerne, 6 Basilikumblätter, 1 Knoblauchzehe, 1 Spritzer Zitronensaft, Salz und Pfeffer

Die Putenbrust dünn klopfen, salzen und pfeffern. Oliven, Basilikum und Knoblauch fein hacken und mit dem Frischkäse und dem Zitronensaft vermengen. Auf das Fleisch streichen und einrollen. Mit einem Zahnstocher fixieren und in eine Auflaufform legen. Bei Ober,- und Unterhitze bei 170° Celsius im vorgeheizten Backrohr für etwa 15 Minuten garen und servieren.

Kalbskotelett in Zitronenbutter

317,8 kcal | 24,5g Eiweiß | 24,2g Fett | 0,5g Kohlenhydrate

150 Gramm Kalbskotelett, 2 EL Butter, Saft und Abrieb einer unbehandelten Zitrone, 1 EL Estragon gehackt, 1 Messerspitze Senf, Salz und Pfeffer

Das Kotelett salzen und pfeffern und in Butter anbraten - die Pfanne nicht zu heiß werden lassen. Mit Zitronensaft ablöschen, mit Senf und dem Abrieb der Zitrone aromatisieren, den Estragon unterrühren und mit Salz und Pfeffer abschmecken.

6. Tag:

Rinderhüftsteak mit frischen Kräutern

564,5 kcal | 42,4g Eiweiß | 43,3g Fett | 1,3g Kohlenhydrate

150 Gramm Hüftsteak, 2 EL Olivenöl, Saft einer unbehandelten Zitrone, 1/2 Bund Petersilie, 1/2 Bund Koriander, 1 EL Parmesan gerieben, 1 Chili, Salz und Pfeffer

Das Steak in der Pfanne ohne Öl rosa braten (nach eigenem Gusto natürlich auch englisch oder well done) und aus der Pfanne nehmen. Das Fleisch in Tranchen schneiden. Aus den restlichen Zutaten im Mixer ein sämiges Pesto zaubern und das Fleisch zusammen mit dem Pesto in der Pfanne kurz durchschwenken. Mit Salz und Pfeffer abschmecken und servieren.

Lachsfilet in Wasabi-Sauce

232,7 kcal | 25g Eiweiß | 14,7g Fett | 0,1g Kohlenhydrate

130 Gramm Lachsfilet, Saft und Abrieb einer unbehandelten Limette, 100 ml kräftige Brühe, 1 Messerspitze Wasabi Paste oder Wasabi Pulver, 1 EL kalte Butter, 1 Spritzer Fischsauce ohne Zuckerzusatz, 1 Prise Himalaya Steinsalz

Den Lachs salzen und in einer beschichteten Grillpfanne ohne Öl von beiden Seiten anbraten. In einer zweiten Pfanne die Brühe aufkochen. Die Brühe mit dem Limettensaft, dem Abrieb und dem Wasabi aromatisieren. Die kalte Butter einrühren, mit der Fischsauce abschmecken und den Lachs in die Sauce geben. Für etwa 5 Minuten in der Sauce gar ziehen.

7. Tag:

Schweinefilet mit Gorgonzola-Spinat

217,6 kcal | 33,5g Eiweiß | 8,4g Fett | 2g Kohlenhydrate

130 Gramm Schweinefilet, 1 Schalotte, 1 Knoblauchzehe, 100 Gramm Blattspinat, 15 Gramm Gorgonzola Blauschimmelkäse, Salz und Pfeffer, 1 Spritzer Apfelessig

Das Fleisch salzen und pfeffern und in der beschichteten Grillpfanne ohne Öl anbraten. Knoblauch und Schalotte klein schneiden und in einer zweiten Pfanne anschwitzen. Den Blattspinat hinzufügen, mit Apfelessig ablöschen, den Gorgonzola bröckeln und unterheben. Das Fleisch in einer Auflaufform geben, mit dem Spinat bedecken und im Ofen bei Ober,- und Unterhitze bei 170° Celsius für 8 Minuten fertig garen.

Omelette mit Paprika und Pilzen

211 kcal | 14,8g Eiweiß | 14,2g Fett | 6g Kohlenhydrate

2 Eier, 1/4 Paprika rot, 50 Gramm Steinpilze, 1/4 Zwiebel rot, 1 Knoblauchzehe, Salz und Pfeffer, 1 EL Petersilie, Öl zum Braten

Zwiebel und Knoblauch hacken und im Öl anbraten. Die Steinpilze und Paprika klein schneiden und ebenfalls in der Pfanne durchschwenken. Das Ei mit der Petersilie verquirlen, mit Salz und Pfeffer würzen und über das Gemüse gießen. Die Pfanne mit einem Deckel zudecken und bei mittlerer Hitze das Omelette für gut 5 Minuten stocken lassen.

8. Tag:

Blattsalat mit Mozzarella und Hähnchenbrust

412 kcal | 59,2g Eiweiß | 18g Fett | 3,3g Kohlenhydrate

1/4 Kopfsalat, 1 Tomate, 100 Gramm Hühnerbrust, 1 Kugel Mozzarella, 2 EL Brühe, 1 EL Apfelessig, 2 EL Olivenöl, 1 TL gehackte Kräuter, Salz und Pfeffer

Den Kopfsalat waschen und in mundgerechte Stücke zupfen. Aus der Brühe, dem Essig, dem Öl, den Kräutern, Salz und Pfeffer eine Marinade zaubern und den Salat damit anmachen. Die Hühnerbrust salzen und pfeffern, in einer beschichteten Pfanne ohne Öl braten, in Streifen schneiden und unter den Salat heben. Die Mozzarella zupfen und auf dem Salat verteilen.

Spargel mit leichter Sauce

78 kcal | 3,5g Eiweiß | 4g Fett | 7g Kohlenhydrate

250 Gramm Spargel, 1 Schalotte, Abrieb einer halben, unbehandelten Orange, 100 ml Brühe, 1/2 Bund Koriander, Saft einer Bio Limette, 2 EL Sahne, Salz und Pfeffer

Den Spargel schälen und in Salzwasser bissfest garen. Die Schalotte hacken und in einer beschichteten Pfanne ohne Öl anschwitzen. Mit dem Limettensaft ablöschen und mit der Brühe aufgießen. Orangensaft und Abrieb hinzugeben, Koriander untermengen, mit der Sahne verfeinern und mit Salz und Pfeffer abschmecken. Den Spargel in der Sauce kurz durchschwenken und servieren.

9. Tag:

Red Snapper mit Fenchelgemüse

182,7 kcal | 26g Eiweiß | 7,1g Fett | 3,7g Kohlenhydrate

130 Gramm Red Snapper Filet, 1/4 rote Zwiebel, 1 Knoblauchzehe, 80 Gramm Fenchel, 50 ml Brühe, 1 Messerspitze Kümmel gemahlen, Saft und Abrieb einer unbehandelten Limette, 3 Salbeiblätter, Salz und Pfeffer, Öl zum Anbraten

Den Fisch salzen und pfeffern und in der Pfanne mit der Hautseite nach unten gut anbraten. Im vorgeheizten Ofen bei 90° Celsius, bei Ober,- und Unterhitze für 10 Minuten fertig garen. Knoblauch, Zwiebel und Fenchel klein schneiden und in etwas Öl anschwitzen. Mit der Brühe aufgießen, Saft und Abrieb der Limette hinzu geben. Den Salbei fein hacken und ebenfalls untermischen. Den Sud für etwa 5 Minuten köcheln lassen. Mit Kümmel, Salz und Pfeffer abschmecken und zusammen mit dem Fisch servieren.

Rinderfilet in aromatischer Walnuss-Sauce

416,6 kcal | 34,9g Eiweiß | 28,6g Fett | 4,9g Kohlenhydrate

150 Gramm Rinderfilet, 1 Schalotte, 1 Knoblauchzehe, 30 Gramm Walnüsse grob gehackt, 100 ml Brühe, 1 Zweig Rosmarin, 1 EL körnigen Hüttenkäse, Salz und Pfeffer, etwas Olivenöl zum Anbraten

Das Filet salzen und pfeffern und in einer beschichteten Pfanne ohne Öl von beiden Seiten anbraten und im vorgeheizten Ofen für 12 Minuten bei 80° Celsius Ober,- und Unterhitze fertig garen. Schalotte und Knoblauch klein schneiden und zusammen mit den Walnüssen im Olivenöl gut durchschwenken. Den Rosmarin fein hacken und ebenfalls in die Pfanne geben. Mit der Brühe aufgießen. Für 5 Minuten köcheln lassen und mit dem Hüttenkäse verfeinern. Mit Salz und Pfeffer abschmecken und zusammen mit dem Steak servieren.

10. Tag:

Zucchini-Suppe mit Flusskrebs-Schwänzen

213,2 kcal | 14,8g Eiweiß | 14,8g Fett | 5,2g Kohlenhydrate

100 Gramm Zucchini, 1 Schalotte, Olivenöl zum Anbraten, 150 ml Brühe, 50 ml Kokosmilch, 1 Messerspitze Curry gelb, 1 EL saure Sahne, 1 EL Schnittlauch, 50 Gramm Flusskrebs-Schwänze, Salz und Pfeffer

Schalotte und Zucchini klein schneiden und im Olivenöl gut anschwitzen. Mit der Brühe aufgießen und für etwa 5 Minuten köcheln lassen. Mit der Kokosmilch verfeinern und mit Curry, Salz und Pfeffer abschmecken. Mit dem Stabmixer pürieren. Nun die Krebse hinzugeben und köcheln. Die saure Sahne mit dem fein gehackten Schnittlauch vermengen und die Suppe damit garnieren.

Putenröllchen mit Lavendel-Blüten

206,4 kcal | 39g Eiweiß | 5,2g Fett | 0,9g Kohlenhydrate

150 Gramm Putenbrust, 1 Schalotte, 1/2 TL Tomatenmark ohne Zuckerzusatz, 10 Gramm Schwarzwälder Schinken, 1 EL Lavendel-Blüten getrocknet, Salz und Pfeffer, etwas Butter zum Anbraten

Die Putenbrust dünn klopfen, salzen und pfeffern und dünn mit dem Tomatenmark bestreichen. Die Schalotte fein hacken und zusammen mit den Lavendel-Blüten auf das Fleisch geben. Mit dem Schinken belegen und einrollen. Mit einem Zahnstocher fixieren und in der Pfanne in etwas Butter von allen Seiten anbraten. Nun für 10 Minuten im vorgeheizten Backrohr bei Ober,- und Unterhitze und 140° Celsius fertig garen.

11. Tag:

Straußen-Steak mit Pfeffersauce

201,2 kcal | 24,9g Eiweiß | 10g Fett | 2,9g Kohlenhydrate

150 Gramm Filet vom Strauß, 1/2 Zwiebel, 1 Knoblauchzehe, 1 Messerspitze Paprikapulver edelsüß, 100 ml Brühe, 1 TL grünen Pfeffer, 1 Zweig Thymian, 1 EL Joghurt ohne Laktose, etwas Himalaya Steinsalz, etwas Öl zum Anbraten

Das Steak salzen und pfeffern und in etwas Öl anbraten. Zwiebel und Knoblauch hacken und in die Pfanne hinzu geben. Paprikapulver und Pfefferkörner ebenfalls hinzu fügen. Mit der Brühe aufgießen und mit dem Thymian aromatisieren. Mit dem Joghurt verfeinern und mit etwas Salz abschmecken und servieren.

Hähnchen-Schenkel aus dem Ofen

427 kcal | 30,3g Eiweiß | 33g Fett | 2,2g Kohlenhydrate

1 Hähnchenschenkel (etwa 200 Gramm mit Knochen), 1 Schalotte, 1 Knoblauchzehe, 1/2 Chili, 1 Messerspitze Paprikapulver edelsüß, 1 Prise Kümmel gemahlen, 1 Zweig Thymian, Rosmarin, Saft einer unbehandelten Limette, 1 EL Olivenöl

Alle Zutaten außer dem Hühnchen im Mixer pürieren. Das Hühnchen damit gut einmarinieren. Im vorgeheizten Ofen bei Ober,- und Unterhitze für 25 Minuten bei 175° Celsius garen.

12. Tag:

Gekochtes Rindfleisch mit Schnittlauch-Sauce

286,4 kcal | 39g Eiweiß | 12,8g Fett | 3,8g Kohlenhydrate

200 Gramm Rinderbrust, 1 Liter Brühe, 1 Schalotte, etwas Butter zum Anschwitzen, Saft und Abrieb einer unbehandelten Zitrone, 1/2 Bund Schnittlauch, 20 ml Sahne, Salz und Pfeffer

Die Rinderbrust in der Brühe für mindestens 1 Stunde weich kochen. In der Zwischenzeit die klein geschnittene Schalotte in etwas Butter glasig anschwitzen, mit dem Zitronensaft ablöschen. Danach mit dem Abrieb der Zitrone aromatisieren. Etwa einen Schöpfer von der Brühe weg nehmen und die Sauce damit aufgießen. Mit Salz und Pfeffer abschmecken, mit der Sahne verfeinern, den Schnittlauch hacken und untermischen. Das weich gekochte Rindfleisch in Scheiben schneiden und zusammen mit der Sauce servieren. Die restliche Brühe für das Abendessen und Mahlzeiten am Folgetag aufbewahren.

Raffinierte Buttermilch-Käse-Suppe

164,5 kcal | 9,6g Eiweiß | 11,7g Fett | 2,5g Kohlenhydrate

200 ml Brühe, 20 Gramm Weichkäse (Brie oder Camembert), 20 Gramm Blauschimmel Käse, 50 ml Buttermilch, 1 Spritzer Apfelessig, 2 Frühlingszwiebel, Salz und Pfeffer

Den Käse klein schneiden und in der heißen Brühe schmelzen lassen. Mit der Buttermilch verfeinern und mit Essig, Salz und Pfeffer abschmecken. Die Frühlingszwiebel klein schneiden und großzügig die Suppe damit garnieren.

13. Tag:

Kalbsleber mit Zwiebel-Sauce

249,4 kcal | 28g Eiweiß | 14,2g Fett | 2,4g Kohlenhydrate

130 Gramm Kalbsleber, 1/2 Zwiebel rot, 100 ml Brühe, 1 EL Sherry Essig, 1 EL saure Sahne, Salz und Pfeffer, etwas Öl zum Anbraten

Die Leber in dünne Streifen schneiden und die Zwiebel fein hacken. Beides zusammen in etwas Öl anbraten und mit dem Essig ablöschen. Mit der Brühe aufgießen und etwas einreduzieren lassen. Mit der sauren Sahne verfeinern, mit Salz und Pfeffer abschmecken und genießen.

Grünes Thai Curry mit Hühnchen

426,2 kcal | 40,9g Eiweiß | 27,4g Fett | 4g Kohlenhydrate

120 Gramm Hühnerbrust, 1/4 Zucchini, 2 Champignons, 1/4 Paprika gelb, 1 TL grüne Currypaste aus dem Asia Shop, 150 ml Kokosmilch, Sojasauce und Fischsauce ohne Zuckerzusatz zum Abschmecken, etwas Öl zum Anbraten, gehackten Koriander nach Bedarf

Das Hühnchen in Würfel schneiden und das Gemüse in mundgerechte Stücke schneiden. Im Wok zusammen mit der Currypaste in etwas Öl anbraten und mit der Kokosmilch aufgießen. Für etwa 10 Minuten köcheln lassen und mit Sojasauce und Fischsauce abschmecken. Nach Belieben mit gehacktem Koriander bestreuen.

14. Tag:

Forelle blau mit Sahne-Meerrettich

267,6 kcal | 32,5g Eiweiß | 13,2g Fett | 4,7g Kohlenhydrate

1 Forelle (etwa 300 Gramm), 1,5 Liter Gemüsebrühe, 3 EL Apfelessig, 1 Lorbeerblatt, 3 Pimentkörner, 1 Stange Zitronengras, 1 Gewürznelke, 50 ml Sahne, 1 TL Meerrettich gerieben, 2 Stangen Staudensellerie

Die Gemüsebrühe mit dem Lorbeerblatt, dem Piment, der Nelke und dem Zitronengras zum Kochen bringen. Mit dem Apfelessig einmal aufkochen lassen. Die Forelle einlegen und bei mittlerer Hitze für 15 Minuten garen. Die Brühe sollte nun nicht mehr aufkochen. Nach etwa 10 Minuten den klein geschnittenen Staudensellerie hinzufügen. Die Sahne steif schlagen und den fein geriebenen Meerrettich unterheben. Zusammen mit der Forelle servieren.

Hühner-Muffins mit Gemüsefüllung

294,8 kcal | 47,1g Eiweiß | 10g Fett | 4,1g Kohlenhydrate

120 Gramm Hühnerbrust, 1 Schalotte, 1 Knoblauchzehe, 20 Gramm Blumenkohl, 30 Gramm Steinpilze, 1 EL Petersilie gehackt, 1 Ei, 2 EL körniger Frischkäse, Salz und Pfeffer, etwas Öl zum Auspinseln der Muffin-Förmchen

Die Hühnerbust in 2 dünne Schnitzel teilen und sehr dünn ausklopfen. Salzen und pfeffern und in die mit Öl ausgepinselten Muffinförmchen drücken - es sollen kleine Schälchen entstehen. Schalotte und Knoblauch fein hacken, den Blumenkohl ebenfalls klein schneiden, die Pilze würfeln zusammen mit der fein gehackten Petersilie mit dem Ei und dem körnigen Frischkäse glatt rühren. Mit Salz und Pfeffer abschmecken und in die Muffin-Förmchen füllen. Nun im vorgeheizten Backrohr bei Ober,- und Unterhitze bei 170° Celsius für 12 Minuten backen.

Leckere Rezepte für Schleckermäuler

Auch während der ketogenen Ernährung muss nicht komplett auf Desserts verzichtet werden. Sie können aus unseren leckeren Rezepten beliebig auswählen, solange der tägliche Gesamtumsatz an Kohlenhydraten den Wert von 30 Gramm nicht übersteigt. Süßigkeiten ab und an sind gerade bei einer Diät sehr wichtig, denn nur wer sich auch Süßes gönnt, der läuft nicht in Gefahr, von Heißhunger Attacken übermannt zu werden. Sie können natürlich aus den Rezepten beliebig auswählen und variieren, Sie sollten dennoch immer darauf achten, dass der Speiseplan ausgewogen und abwechslungsreich gestaltet ist. Wer jeden Tag dasselbe isst, wird der Diät besonders schnell überdrüssig.

Kräftiges Schokoladen-Eis für Naschkatzen

Die folgenden Zutaten und Nährwerte sind für 4 Portionen berechnet:

1105,2 kcal | 15,7g Eiweiß | 102,8g Fett | 29,3g Kohlenhydrate

200 ml Sahne, 150 ml Kokosmilch (Sie können alternativ auch Mandelmilch oder Cashew Milch verwenden), 100 Gramm Xylit Schokolade zartbitter mit einem Kakaoanteil von mindestens 85%, 1 EL Kakaopulver doppelt entölt, 1 TL Stevia

Die Sahne steif schlagen. Die Kokosmilch erhitzen und die Xylit Schokolade vorsichtig darin schmelzen lassen. Das Kakaopulver einrühren und einmal kurz aufkochen lassen und vom Herd nehmen. Nach Bedarf süßen. Gut auskühlen lassen und anschließend unter die steife Sahne heben, in eine Wanne füllen und für mindestens 8 Stunden einfrieren.

Sie können ketogenes Eis auch mit Kaffee, Vanille oder Minze zubereiten. Experimentieren Sie und kreieren Sie immer neue Geschmacksvarianten. Wenn Sie das Eis besonders cremig möchten, können Sie noch 2 EL Kokosöl unterrühren, oder unter die Eismasse ein schaumig gerührtes Ei heben.

Iles Flottantes - der beliebte französische Klassiker

1 Ei, 125 ml Kokosmilch, Mark einer halben Vanilleschote, Süßstoff, Xylit oder Stevia nach Bedarf

298,1 kcal | 8,7g Eiweiß | 28,1g Fett | 2,6g Kohlenhydrate

Das Ei trennen und das Eiweiß zu einem steifen Schnee verarbeiten. Die Kokosmilch mit dem Mark der Vanilleschote in einem kleinen Topf aufkochen lassen. Nun mit einem kleinen Löffel kleine Nocken aus dem Eischnee stechen und in der heißen, aber nicht mehr kochenden Milch garen. Die Nockerl sollten schön aufgehen. Aus der Milch nehmen und zur Seite stellen. Nun das Eigelb mit etwas Süßstoff, Xylit oder Stevia schaumig rühren und unter ständigem Rühren in die heiße Kokosmilch einrühren. Bei schwacher Hitze so lange rühren, bis eine dickliche Creme entsteht. Die Creme in eine Schüssel geben und die Inselchen aus Eischnee darauf setzen und genießen.

Fruchtiges Limetten-Sorbet mit wenig Kalorien

16,9 kcal | 3,4g Eiweiß | 0,1g Fett | 0,6g Kohlenhydrate

100 ml Limettensaft, 1 Eiweiß, Mark einer halben Vanilleschote, 1 Prise Himalaya Steinsalz, Süßstoff, Xylit oder Stevia nach Bedarf,(für ketogene Ernährung eignet sich Stevia besonders gut)

Den Limettensaft mit der Vanille, dem Stevia und dem Steinsalz gut verrühren, in eine Plastik-Schüssel füllen und für etwa 30 Minuten ins Eisfach stellen. Das Eiweiß halb steif schlagen und mit dem leicht angefrorenen Limettensaft vermengen. Dies funktioniert mit einem guten Schneebesen oder einer Gabel. Nun das Sorbet für 2 Stunden einfrieren. Wichtig ist, dass Sie das Sorbet etwa alle 30 Minuten einmal mit dem Schneebesen gut durchrühren und sofort wieder einfrieren.

Leckere Haselnuss-Creme

321 kcal | 6,7g Eiweiß | 29,4g Fett | 7,4g Kohlenhydrate

20 Gramm Haselnüsse grob gehackt, 1 EL Frischkäse, Saft einer halben Bio Limette, Stevia nach Bedarf, 80 ml Sahne, 1/2 Packung Sahnesteif, 1 Messerspitze Zimt, 1 Messerspitze Kakao doppelt entölt

Die Haselnüsse in einer beschichteten Pfanne ohne Fett goldbraun rösten. Mit dem Frischkäse, dem Limettensaft, Kakao, Zimt und dem Stevia im Mixer fein pürieren. Die Sahne mit dem Sahnesteif steif schlagen und vorsichtig unter die Nuss-Masse heben. Kurz im Kühlschrank durchkühlen lassen und genießen. Sie können dieses Dessert mit einem Klacks Sahne, einigen Nüssen und etwas Kakaopulver garnieren, so wird die Nachspeise auch optisch ein wahrer Hingucker.

Sahnige Kokoscreme a la Bounty

785,2 kcal | 12,6g Eiweiß | 65,2g Fett | 12g Kohlenhydrate

80 ml Kokosmilch, 30 Gramm Kokosraspeln, 1 Eigelb, Mark einer Vanilleschote, 100 ml Sahne, 20 Xylit Schokolade zartbitter (mindestens 85% Kakaoanteil), Xylit, Stevia oder Xucker nach Bedarf

Die Kokosmilch mit dem Xylit, dem Mark der Vanilleschote und den Kokosraspeln kurz aufkochen lassen. Vom Herd nehmen und zügig das Eigelb einrühren. Über einem Eisbad kalt schlagen und zur Seite stellen. Die Sahne steif schlagen und unter die Kokoscreme heben. Über einem heißen Wasserbad die Schokolade verflüssigen, und mit einem Löffel vorsichtig in die Creme träufeln.Es soll ein schönes Muster entstehen. Die Creme nun für eine Stunde kalt stellen und anschließend genießen.

Exquisites Baiser mit Basilikum-Sahne

123,3 kcal | 5g Eiweiß | 10,1g Fett | 3,1g Kohlenhydrate

1 Eiweiß, 1 Prise Himalaya Steinsalz, 1 EL Xylit oder Stevia, 50 ml Sahne, 1/2 Bund Basilikum, Mark einer halben Vanilleschote

Das Eiweiß mit dem Steinsalz und dem Xylit zu einem steifen Schnee verarbeiten. Mit einem Spritzsack kleine Ringe auf ein mit Backpapier ausgelegtes Blech spritzen. Für etwa 2 Stunden bei Ober,- und Unterhitze bei 75° Celsius trocknen lassen. Der Baiser soll richtig hart sein. Den Basilikum mit der Vanille und 2 EL Sahne fein pürieren. Die restliche Sahne steif schlagen und mit der Basilikum-Creme vermengen. Das Baiser auskühlen lassen und mit der aromatischen Creme füllen. Optisch wirken diese Köstlichkeiten besonders schön, wenn Sie diese mit einer Himbeere garnieren.

Einfacher Rührkuchen - optimal für ketogene Ernährung

2161 kcal | 105g Eiweiß | 185,4g Fett | 18,1g Kohlenhydrate

Dieses Rezept ist für 12 Portionen gestaltet. Auch die Nährwertangabe ist für 12 Portionen berechnet.

200 Gramm Butter, 6 Eier, 180 Gramm Mandelmehl, 1 Packung Backpulver, 2 EL Kakao doppelt entölt, Mark einer Vanilleschote, 1 Prise Himalaya Steinsalz, 1 Messerspitze Zimt, 4 EL Xylit oder Xucker

Die Butter mit dem Xylit schaumig schlagen. Die Eier nach und nach einrühren. Nun das Mandelmehl mit dem Backpulver hinzufügen. Langsam auch Kakao, das Mark der Vanilleschote, das Himalaya Salz und den Zimt hinzufügen. Die Masse in eine leicht gebutterte Kastenform mit den Massen 20cm x 30cm füllen und für 40 Minuten im vorgeheizten Backrohr bei Ober,- und Unterhitze und 170° Celsius backen.

Einfacher ketogener Kuchen aus dem Kühlschrank

Dieses Rezept und die Nährwertangabe ist für 12 Portionen berechnet.

2069,8 kcal | 38,7g Eiweiß | 195g Fett | 40g Kohlenhydrate

120 Gramm Nüsse fein gehackt, 100 Gramm Butter, 6 El Xylit oder Xucker, 400 Gramm Joghurt frei von Laktose, Saft und Abrieb einer unbehandelten Limette, 200 ml Sahne, 8 Blatt Gelatine, Mark einer Vanilleschote

Die Nüsse mit 2 EL Xylit und der flüssigen Butter verkneten. In eine runde Springform mit dem Durchmesser von 26 cm drücken und mit feuchten Händen glatt streichen. Den Boden in den Kühlschrank stellen und durchziehen lassen. Joghurt mit dem restlichen Xylit, dem Abrieb und der Vanille glatt rühren. Die Gelatine einweichen, ausdrücken und in dem leicht angewärmten Zitronensaft auflösen. Diesen nun zügig unter die Joghurtmasse rühren. Die Sahne steif schlagen und ebenfalls vorsichtig unter die Joghurt-Creme heben. Auf den gekühlten Tortenboden streichen und für weitere mindestens 6 Stunden im Kühlschrank fest werden lassen.

Low Carb Zitronen-Tarte für eine ketogene Ernährung

Die Zutaten und Nährwertangaben wurden für 12 Portionen berechnet.

3791,8 kcal | 130,5g Eiweiß | 343,8g Fett | 43,9g Kohlenhydrate

240 Gramm Mandelmehl, 120 Gramm Butter, 1 EL Joghurt frei von Laktose, 6 EL Xylit, 400 Gramm Creme Fraiche, 300 Gramm saure Sahne, Saft und Abrieb einer unbehandelten Limette, 4 Eier, 100 ml Zitronensaft, 3 Blatt Gelatine, Mark einer Vanilleschote

Das Mandelmehl mit der Butter, dem Joghurt und 2 EL Xylit zu einem glatten Mürbteig verkneten. Den Teig auf etwa 5 mm ausrollen und in eine Tarteform mit dem Durchmesser von 26 cm geben. Die Ränder gut am Rand hoch ziehen und den Teig mehrmals mit einer Gabel einstechen, damit er sich beim Backen nicht wölbt. Für 12 Minuten wird der Boden nun bei 180° Celsius, Ober,- und Unterhitze gebacken.
Nun die Eier schaumig schlagen und mit der Creme Fraiche, der sauren Sahne, dem Mark der Vanilleschote, dem Xylit und dem Abrieb und Saft der Limette verrühren. Die Masse in die Tarteform gießen und für weitere 45 Minuten bei 150° Celsius, Ober,- und Unterhitze backen. Die Gelatine einweichen, ausdrücken und im

Zitronensaft auflösen. Damit den Kuchen bedecken und für 2 Stunden kalt stellen.

Schokoladen-Küchlein mit Nüssen

Dieses Rezept und die Nährwertangaben wurden für 4 Portionen berechnet.

1600,6 kcal | 29,8g Eiweiß | 122,2g Fett | 35,4g Kohlenhydrate

100 Gramm Xylit Schokolade zartbitter (mindestens 85% Kakaoanteil), 2 Eier, 50 Gramm weiche Butter, 50 Gramm Walnüsse gerieben, Abrieb einer halben unbehandelten Orange, 4 EL Xylit, Xucker oder Stevia, Mark einer Vanilleschote

Die Eier trennen und das Eiweiß zu einem steifen Schnee schlagen. Die weiche Butter schaumig schlagen, den Xucker beimengen und nach und nach das Eigelb unterrühren. Die Schokolade fein reiben und zur Buttermasse geben. Nun die Nüsse, das Mark der Vanille und den Abrieb der Orange dazu geben. Den Eischnee vorsichtig unterheben und in 4 gebutterte, kleine Auflaufformen füllen. Im vorgeheizten Backrohr bei Ober,- und Unterhitze bei 170° Celsius für etwa 30 Minuten backen. Besonders saftig werden die Küchlein, wenn Sie eine Tasse Wasser zusätzlich in dern Ofen stellen.

Weitere schmackhafte Rezepte für eine ketogene Ernährung

Mit nachfolgenden Rezepten können Sie Ihre ketogene Diät beliebig lange fortsetzen. Achten Sie auf den täglichen Maximalbedarf an Kohlenhydraten und variieren Sie nach Lust und Laune. Denken Sie nach einer Woche an den sogenannten Cheat oder Refeed Day und bauen Sie in eine oder zwei Mahlzeiten eine großzügig bemessene Portion Kohlenhydrate ein. Zur Erinnerung: Dies ist wichtig um den Leptin Haushalt im Gleichgewicht zu halten, und den Stoffwechsel auf Trab zu halten. Idealerweise bauen Sie in Ihre Diät auch etwas mehr Bewegung als gewöhnlich ein. Tägliches Radfahren von 10 Minuten, einige Liegestütz, Squats, Kniebeugen und Bauchwippen reichen, um die Diät noch effektiver wirken zu lassen. Auch sollten Sie sich täglich, oder spätestens alle 2 Tage wiegen. Während der ketogenen Diät sollten Sie stets eine Veränderung merken. Sollte das Gewicht für mehr als 4 bis 5 Tage stagnieren, so greifen Sie am besten zu einer Wunderwaffe für den Stoffwechseln. Essen Sie kurz vor dem Einschlafen eine Creme aus 2 Eiweiß, die Sie zu steifem Schnee verarbeiten und mit dem Saft einer Zitrone und einem halben Becher Laktose freiem Joghurt verrühren. Dieser Eiweiß-Kick sorgt für die ideale Fettverbrennung im Schlaf und schon am nächsten Tag werden Sie wieder einen positiven Sprung auf der Waage bemerken können.

Leckere ketogene Pizza - Low Carb und ganz viel Geschmack

Wenn Ihre Familie abends Pizza essen möchte, müssen Sie nicht mit hängender Zunge daneben sitzen und an einem Salatblatt knabbern. Diese ketogene Low Carb Pizza schmeckt hervorragend, macht richtig satt, ist gesund, und über kurz oder lang wird auch Ihre Familie lieber diese Pizza essen wollen. Den Low Carb Boden können Sie für die restlichen Familienmitglieder mit sämtlichen Zutaten belegen, die auch auf dem italienischen Original zu finden sind.

Zutaten für den Boden:

1/4 Blumenkohl, 25 Gramm Gouda, 1 Ei, Salz und Pfeffer, etwas Oregano

Für den Belag:

1 Tomate, 1/2 Kugel Mozzarella, 30 Gramm Geflügelsalami, Basilikumblätter

470,9 kcal | 37,4g Eiweiß | 33,7g Fett | 4,5g Kohlenhydrate

Den Blumenkohl kurz blanchieren und anschließend mit dem Käse, dem Ei, Oregano, Salz und Pfeffer im Mixer zu einer homogenen

Masse hacken. Diese Masse nun in eine Springform mit einem Durchmesser von 20 cm füllen und für 7 Minuten bei Ober,- und Unterhitze und 170° Celsius vorbacken. Den Teig anschließend mit Tomatenscheiben, Mozzarella, Salami und Basilikum belegen und für weitere 8 Minuten bei 180° Celsius backen. Die ketogene Pizza kann auch mit Zwiebel, Knoblauch, gebratener Hühnerbrust, verschiedenstem Käse, Paprika oder Zucchini-Scheiben belegt werden.

Bunte Tofu-Pfanne mit Spiegelei

233,2 kcal | 18g Eiweiß | 13,6g Fett | 9,7g Kohlenhydrate

120 Gramm Tofu geräuchert, 1/4 Paprika rot, 1/4 Paprika gelb, 1/4 Paprika grün, 1/2 rote Zwiebel, 1 Knoblauchzehe, 1 Stange Staudensellerie, 1/4 Zucchini, 2 Champignons, 1 Ei, 2 EL Olivenöl, Salz und Pfeffer, 1 Messerspitze Currypulver gelb

Alle Zutaten in mundgerechte Stücke schneiden und in Olivenöl scharf anbraten. Das Gemüse darf ruhig bissfest und knackig bleiben. Mit Salz, Pfeffer und Curry abschmecken und aus der Pfanne nehmen. In der selben Pfanne das Spiegelei braten, über dem Gemüse anrichten und nach Wunsch großzügig mit frischen Kräutern bestreuen.

Zucchini Nudeln mit pikanter Fleischsauce

344,8 kcal | 32,1g Eiweiß | 20,4g Fett | 8,2g Kohlenhydrate

1 Zucchini, 100 Gramm Rinderhack, 1 Schalotte, 2 Knoblauchzehen, 1 TL Cashew Nüsse gehackt, 50 ml Brühe, 3 EL saure Sahne, 1 TL Parmesan, Oregano, Basilikum, Salz und Pfeffer

Mit einem Sparschäler werden aus der Zucchini Nudeln geschnitten. Diese nun kurz in kochendem Salzwasser blanchieren und sofort wieder aus dem Wasser nehmen. Die Schalotte und den Knoblauch fein hacken und in einer beschichteten Pfanne ohne Öl glasig anbraten. Das Rinderhack hinzugeben und schön dunkel rösten. Die Cashew Nüsse hinzu geben und alles mit der Brühe aufgießen. Mit der sauren Sahne verfeinern, mit den Kräutern würzen und mit Salz und Pfeffer abschmecken. Nun die Zucchini Nudeln unterrühren, kurz durchschwenken und anrichten. Mit Parmesan bestreuen und genießen.

Gedünsteter Zander im Kräutermantel

Diese Zutaten und die Nährwertangaben wurden für 2 Portionen berechnet:

374,1 kcal | 70,4g Eiweiß | 8,5g Fett | 4g Kohlenhydrate

1 Zander (ca. 400 Gramm bis 500 Gramm), 1 unbehandelte Zitrone, 2 Zweige Thymian, 2 Rosmarinzweige, 1/2 Bund Petersilie, 4 Stiele Dill, 4 Salbeiblätter, 2 Lorbeerblätter frisch, Salz und Pfeffer, 150 ml Brühe, 1 EL eiskalte Butter

Den Backofen auf 180° Ober,- und Unterhitze vorheizen. Die Zitrone in sehr dünne Scheiben schneiden und eine Bratpfanne damit auslegen. Die Kräuter grob hacken und über der Zitrone verteilen. Den Zander salzen und pfeffern und auf das vorbereitete Kräuterbeet legen. Für 15 Minuten ins vorgeheizte Backrohr schieben. Nun den Fisch mit der Brühe aufgießen und für weitere 12 Minuten im Backrohr dünsten lassen. Aus dem Rohr nehmen, den Fisch herausheben und auf 2 Teller anrichten. Den Sud durch ein Sieb in einen Topf gießen, mit Salz und Pfeffer abschmecken und mit der eiskalten Butter montieren. Die Sauce über den Fisch gießen und servieren.

Ketogener Schweinebraten aus dem Rücken

Die Zutaten und die Nährwertangaben dieses Rezeptes sind für 4 Portionen berechnet:

1045,6 kcal | 168,6g Eiweiß | 40g Fett | 2,8g Kohlenhydrate

1 kg Schweinerücken mit Schwarte, 1 große Zwiebel, 1 Möhre, 1/2 Knolle Sellerie, 2 Lorbeerblätter, 600 ml Brühe, 4 Knoblauchzehen, Salz, Pfeffer, 1 TL Kümmel gemahlen, 1 TL Paprikapulver edelsüß, 2 EL Majoran gerebelt

Möhre, Zwiebel und Sellerie sorgen nur für das kräftige Aroma, werden aber nicht mitgegessen. Generell sollte während einer ketogenen Diät auf Gemüse verzichtet werden, das unter der Erde wächst.

Die Zwiebel, die Möhre und den Sellerie grob schneiden. Das Fleisch mit den Gewürzen gut einreiben und einziehen lassen. Die Schwarte am besten mit einem scharfen Teppichmesser in Form von Rauten einschneiden. Die Bratpfanne auf den Herd stellen und das Fleisch mit der Schwartenseite nach unten in die Pfanne setzen. Nun die Schwarte sozusagen auslassen. Nun das Fleisch von allen Seiten anbraten und aus der Pfanne nehmen. Das Gemüse und den Knoblauch nun in die Pfanne geben und das Fleisch auf das Gemüse setzen. Nun die Pfanne in den Ofen schieben. Bei Ober,- und Unterhitze und 170°

Celsius für 60 Minuten braten. Mit der Brühe aufgießen und für weitere 40 Minuten im Ofen garen lassen. Das Fleisch aus dem Ofen nehmen, die Sauce abgießen, mit Salz und Pfeffer würzen und zusammen mit dem Fleisch servieren.

Indisches Fischcurry mit Kokoscreme

291,2 kcal | 24,6g Eiweiß | 18,8g Fett | 5,9g Kohlenhydrate

140 Gramm Seelachs, 1 Schalotte, 1 Knoblauchzehe, 1 Chili, 1/2 cm von der Ingwerknolle, 1/4 Paprika grün, 1/4 Paprika rot, 1/2 TL Currypulver gelb, 150 ml Brühe, 100 ml Kokosmilch, Saft einer halben Bio Zitrone, 1/2 Bund Frühlingszwiebel zum Bestreuen, Salz und Pfeffer, etwas Öl zum Anbraten

Die Schalotten, den Knoblauch, Chili und Ingwer klein schneiden und in etwas Öl anschwitzen. Die Paprika in mundgerechte Stücke schneiden und ebenfalls in die Pfanne geben. Mit Currypulver würzen und mit der Brühe aufgießen. Den Fisch in etwa 3 cm große Würfel schneiden und ebenfalls in die Pfanne geben. Für 10 Minuten köcheln lassen und anschließend mit der Kokosmilch verfeinern. Mit Salz, Pfeffer und Zitronensaft abschmecken und servieren. Mit den fein gehackten Frühlingszwiebel großzügig bestreuen und genießen.

Konjak Nudeln mit feiner Pilz-Sauce

238,3 kcal | 3,1g Eiweiß | 22,7g Fett | 5,4g Kohlenhydrate

50 Gramm Konjak Nudeln (auch unter dem Namen Shirataki Nudeln bekannt), 50 Gramm Pfifferlinge, 50 Gramm Steinpilze, 1 Schalotte, 1 Knoblauchzehe, 20 Gramm Speck oder Bacon gewürfelt, Saft einer Bio Zitrone, 80 ml Brühe, 2 EL saure Sahne, etwas Öl zum Anbraten, 1 Prise Kümmel gemahlen, Salz und Pfeffer, 1 TL Schnittlauch zum Bestreuen

Die Konjak Nudeln in ein Sieb geben und unter fließendem Wasser gut abwaschen. Die Nudeln müssen anschließend nur etwa 5 Minuten in heißem Salzwasser gekocht werden. Die Schalotte und den Knoblauch fein hacken und zusammen mit dem Speck in etwas Öl in der Pfanne anrösten. Die Pilze waschen, putzen und klein schneiden und ebenfalls in die Pfanne geben. Mit dem Zitronensaft ablöschen und mit der Brühe aufgießen. Kurz aufkochen lassen und 5 Minuten köcheln lassen. Mit Salz, Pfeffer und Kümmel abschmecken und mit der sauren Sahne verfeinern. Die Nudeln nun unter die Pilz-Sauce mischen, kurz durchrühren, anrichten und großzügig mit Schnittlauch bestreuen.

Low Carb Quiche mit Schinken und Zucchini

Die Zutaten und die Nährwertangaben dieses Rezeptes sind für 6 Portionen berechnet:

1963 kcal | 139,9g Eiweiß | 142,6g Fett | 30g Kohlenhydrate

Für den Boden:

240 Gramm Mandelmehl, 120 Gramm Butter, 2 EL Joghurt ohne Laktose, 1 Prise Himalaya Steinsalz

Für die Quiche:

1 Zucchini, 100 Gramm Putenschinken, 50 Gramm Lauch, 4 Eier, 200 Gramm Joghurt Laktose frei, Salz und Pfeffer, 1 Prise Muskatnuss, 1 EL Majoran

Aus dem Mandelmehl, der Butter, dem Joghurt und dem Salz einen glatten Mürbteig kneten. Auf etwa 5 mm ausrollen und in eine runde Springform mit einem Durchmesser von 26 cm legen. Den Rand ringsum schön hoch ziehen und den Teig mehrfach mit der Gabel einstechen, damit sich der Teig nicht unschön wölbt. Nun den Teig für 10 Minuten bei Ober,- und Unterhitze und bei 180° Celsius vorbacken.

Die Zucchini in dünne Scheiben schneiden, den Schinken fein würfeln, den Lauch halbieren und in Ringe schneiden - damit den vorgebackenen Teig belegen. Aus den Eiern, dem Joghurt, dem Majoran und den Gewürzen eine Masse rühren und über das Gemüse gießen. Für 15 Minuten bei 175° Celsius Ober,- und Unterhitze goldbraun backen. Portionieren und genießen. Die einzelnen Portionen lassen sich auch ganz bequem einfrieren.

Fenchelgemüse mit Miesmuscheln

140,2 kcal | 14,7g Eiweiß | 6,4g Fett | 10g Kohlenhydrate

1 kleine Knolle Fenchel, 1 Schalotte, 2 Knoblauchzehen, Saft und Abrieb einer unbehandelten Zitrone, 150 ml Brühe oder Fischfond, 700 Gramm Miesmuscheln mit der Schale, 1/2 Bund Dill, 1 Spritzer Apfelessig, 1 EL Olivenöl, Salz und Pfeffer

Den Knoblauch und die Schalotte fein hacken und den Fenchel raspeln. Im Olivenöl anschwitzen und mit dem Zitronensaft und dem Apfelessig ablöschen. Mit der Brühe oder dem Fond aufgießen und die geputzten Miesmuscheln hinzufügen. Den Topf mit einem Deckel verschließen und alles für etwa 7 Minuten kochen lassen. Den gehackten Dill unterrühren, mit Salz und Pfeffer abschmecken und servieren. Muscheln, die sich nicht geöffnet haben, sollten nicht gegessen werden.

Ein weiterer Tipp: Sollte die rohe Muschel schon geöffnet sein, klopfen Sie kurz an die Schale. Eine frische Muschel verschließt sich wieder. Sollte sich die Muschel nicht mehr schließen, bitte aussortieren.

Hühnerschnitzel in der Panade aus Schweinekrusten

694,8 kcal | 91,7g Eiweiß | 36g Fett | 1g Kohlenhydrate

130 Gramm Hühnerbrust, 1 Ei, 1 TL Joghurt Laktose frei, 60 Gramm Schweinekrusten, 1 Zweig Thymian, 1 EL Parmesan fein gerieben, Salz und Pfeffer, Öl zum Frittieren

Die Hühnerbrust dünn klopfen und in kleine Schnitzel schneiden. Salzen und pfeffern und das Ei mit dem Joghurt verquirlen. Den Thymian, den Parmesan und die Schweinekrusten in den Mixer geben und fein klein hacken. Die Schnitzel durch das Ei ziehen und in der Panade wälzen und gut andrücken. Im heißen Fett schwimmend backen und auf einem Küchenkrepp abtropfen lassen. Mit einer Spalte Zitrone garnieren und genießen.

Steirischen Backhendl-Salat

664,5 kcal | 60,7g Eiweiß | 42,9g Fett | 8,9g Kohlenhydrate

50 Gramm Rucola Salat, 4 Cherry Tomaten, 120 Gramm Hühnerbrust, 1 Ei, 1 Radieschen, 15 Gramm Parmesan gerieben, 40 Gramm Kürbiskerne, 1 EL Apfelessig, 2 EL Kürbiskern Öl, Salz und Pfeffer, Öl zum Frittieren

Die Hühnerbrust in 1 cm dicke Streifen schneiden, salzen und pfeffern. Das Ei verquirlen. Den Parmesan mit den Kürbiskernen im Mixer zu einem Paniermehl hacken. Die Hühnerstreifen durch das Ei ziehen und in der Panade wälzen. Die Panade gut andrücken. Den Rucola Salat waschen, die Cherry Tomaten vierteln und die Radieschen in dünne Scheiben hobeln. Einen bunten Salat zaubern und mit Apfelessig und Kürbiskern Öl marinieren. Das Hühnchen in heißem Fett frittieren, auf einem Küchenkrepp abtropfen lassen und auf dem Salat anrichten.

Kalbsmedaillons mit grünem Thai Spargel und Rahmgemüse

305,5 kcal | 25,2g Eiweiß | 19,1g Fett | 8,2g Kohlenhydrate

130 Gramm Kalbsrückensteak, 100 Gramm grünen Thai Spargel, 1/4 Paprika rot, 1/2 Zwiebel rot, 1 Knoblauchzehe, 50 ml Brühe, 50 ml Sahne, 1 EL Petersilie gehackt, 1 EL Koriander gehackt, Saft einer Bio Limette, Salz und Pfeffer, 1 Prise Muskatnuss, etwas Öl zum Anschwitzen

Das Steak salzen und pfeffern und in einer beschichteten Pfanne ohne Öl von beiden Seiten anbraten. Die Pfanne in den Ofen stellen und das Fleisch für 10 Minuten bei Ober,- und Unterhitze bei 100° Celsius fertig garen. Den Zwiebel und den Knoblauch klein schneiden und im Olivenöl anschwitzen. Die Paprika würfeln und dazu geben. Mit dem Saft der Limette ablöschen und mit der Brühe aufgießen. Die Kräuter hinzugeben, mit der Sahne verfeinern und mit Salz, Pfeffer und Muskat abschmecken. Das Fleisch in diese Pfanne legen und den Thai Spargel in der Fleischpfanne kurz knackig braten. Alles zusammen anrichten und servieren.

Gegrillter Ziegenkäse mit Feldsalat

495,7 kcal | 25,8g Eiweiß | 42,5g Fett | 2,5g Kohlenhydrate

100 Gramm Ziegenkäse schnittfest, 50 Gramm Feldsalat, 1 Schalotte, 1 EL Petersilie gehackt, 1/4 Bund Schnittlauch, 1 Messerspitze Senf, 1 EL Apfelessig, 1 EL Olivenöl, 2 EL Wasser, Salz und Pfeffer, 2 Cherry Tomaten

Aus der fein gehackten Schalotte mit dem Schnittlauch, der Petersilie, dem Senf, dem Essig, dem Olivenöl, dem Wasser, Salz und Pfeffer eine Marinade anrühren. Den Feldsalat waschen und putzen und mit der Marinade anrichten. Den Ziegenkäse in einer beschichteten Pfanne ohne Öl von beiden Seiten gut anbraten und durchziehen lassen, damit er auch in der Mitte schön heiß ist. In 2 cm dicke Streifen schneiden und auf dem Salat anrichten.

Filet vom Reh mit Romanesco Gemüse und gerösteten Mandeln

365 kcal | 29,6g Eiweiß | 25,4g Fett | 4,5g Kohlenhydrate

130 Gramm Rehrücken, 1 EL Butter, 1 Zweig Rosmarin, 1 Zweig Kerbel, 80 Gramm Romanesco Röschen frisch oder TK, 20 Gramm Speck oder Bacon gewürfelt, 1 EL gehobelte Mandeln, Salz und Pfeffer

Den Rehrücken salzen und pfeffern und in Butter mitsamt den Kräutern rundherum anbraten. Für 12 Minuten bei Ober,- und Unterhitze und 100° Celsius im Backrohr fertig garen. Den Speck in einer beschichteten Pfanne ohne Öl braten, die Mandeln hinzugeben und goldbraun rösten. Die Romanesco Röschen in Salzwasser bissfest garen, mit dem Speck in der Pfanne durchschwenken und zusammen mit dem in Tranchen geschnittenen Reh anrichten.

Kleine Lebensmittel-Liste mit Nährwertangaben

Gerade am Anfang ist es nicht immer einfach, zu den richtigen Lebensmitteln zu greifen. Generell werden sämtliche Lebensmittelgruppen, die viel Zucker enthalten aus dem Speiseplan gestrichen. Auch Mehl, Nudeln, Kartoffeln, Reis und Brot haben während der ketogenen Diät nichts zu suchen. Auch Alkohol ist für die Diät nicht förderlich und generell sind auch Fertigprodukte, Wurstwaren wie Extrawurst, Wiener Wurst, Fleischkäse und Frühstücksfleisch nicht erlaubt.

Nun aber zu den erlaubten Lebensmittel während der ketogenen Diät:

Fisch und Fleisch:

100 Gramm Rinderfilet hat 115 kcal, 19 Gramm Eiweiß, 4 Gramm Fett und keine Kohlenhydrate
100 Gramm Hühnerbrust hat 165 kcal, 31 Gramm Eiweiß, 3,6 Gramm Fett und keine Kohlenhydrate
100 Gramm Putenschnitzel hat 105 kcal, 15 Gramm Eiweiß, 0,8 Gramm Fett und keine Kohlenhydrate
100 Gramm Zanderfilet hat 80 kcal, 17,6 Gramm Eiweiß, 0,5 Gramm Fett und 1 Gramm Kohlenhydrate
100 Gramm Garnelen haben 71 kcal, 15 Gramm Eiweiß, 1,2 Gramm Fett und keine Kohlenhydrate

Gemüse:

100 Gramm Zwiebel haben 41 kcal, 1 Gramm Eiweiß, kein Gramm Fett und 9 Gramm Kohlenhydrate
100 Gramm Paprika haben 21 kcal, 1 Gramm Eiweiß, kein Gramm Fett und 4 Gramm Kohlenhydrate
100 Gramm Zucchini haben 19 kcal, 1,5 Gramm Eiweiß, 0,5 Gramm Fett und 0,4 Gramm Kohlenhydrate
100 Gramm Tomaten haben 16 kcal, 1 Gramm Eiweiß, kein Gramm Fett und 3 Gramm Kohlenhydrate
100 Gramm Staudensellerie haben 17 kcal, 1,2 Gramm Eiweiß, 0,2 Gramm Fett und 2,2 Gramm Kohlenhydrate
100 Gramm Lauch hat 25 kcal, 2 Gramm Eiweiß, kein Gramm Fett und 4 Gramm Kohlenhydrate

Milchprodukte und Eier

100 ml fettarme Milch hat 38 kcal, 1,5 Gramm Eiweiß, 0,3 Gramm Fett und 3 Gramm Kohlenhydrate
100 Gramm laktosefreier Joghurt hat 66 kcal, 3,9 Gramm Eiweiß, 3,6 Gramm Fett und 4 Gramm Kohlenhydrate
100 Gramm griechischer Joghurt hat 130 kcal, 3,3 Gramm Eiweiß, 10 Gramm Fett und 3,9 Gramm Kohlenhydrate
1 Ei hat etwa 80 kcal, 7,5 Gramm Eiweiß, 11 Gramm Fett und 1 Gramm Kohlenhydrate

Mit diesen Angaben lässt sich schon die eine oder andere nette Mahlzeit zaubern, die auch der ketogenen Ernährung entspricht. Wer gerne etwas mehr mit Zutaten experimentieren möchte, für den gibt es im Internet sehr simple Nahrungsmittel-Rechner. Wer sich stets daran hält und täglich nicht mehr als 30 Gramm Kohlenhydrate zu sich nimmt, etwas Sport treibt, viel Wasser trinkt und sich auch täglich an der frischen Luft bewegt, bei dem können die Pfunde nur so purzeln. Mit unseren leckeren Rezepten, ein bisschen Disziplin und Durchhaltevermögen ist die Bikini und Badehosen-Figur aber greifbar nahe, denn bei kaum einer anderen Diät werden so rasche und sichtbare Erfolge erzielt. Neben den chemischen Prozessen, welche die ketogene Ernährung im Körper bewirkt hat diese Diät auch den Vorteil, dass sich jeder so richtig satt essen kann. Und ohne Hungergefühl lässt sich jede Diät durchhalten und der "Gute Laune Faktor" ist garantiert.

Impressum:

Robert Weber
Rilkegasse 12
2604 Theresienfeld
Robert.weber02@gmail.com

Printed in Germany
by Amazon Distribution
GmbH, Leipzig